FERNAND DE BIGORRE

SAINT-TROPEZ

À LA UNE

CHRONIQUE
ÉDITIONS

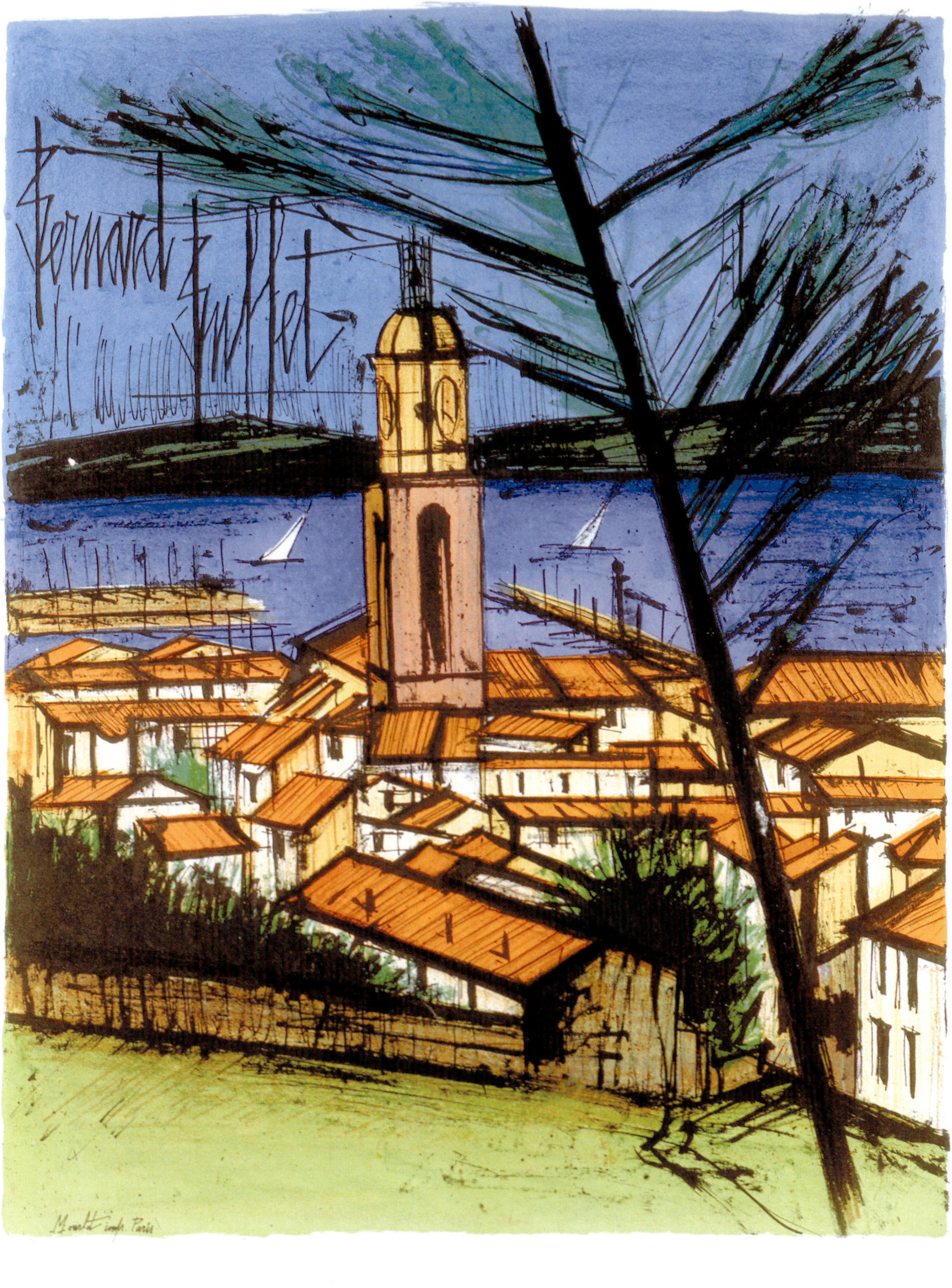
Bernard Buffet
Mourlot imp. Paris

AD USQUE FIDELIS

« Fidèle jusqu'au bout »

Telle est la devise de Saint-Tropez. (Et non pas *Coquillages et crustacés,* comme certains le pensent.)

Non, il n'est jamais trop tard pour s'émerveiller face à la magie de Saint-Tropez ! Peut-être n'y croiserez-vous ni Brigitte Bardot ni aucune des stars qui en bâtirent la renommée mondiale, mais, à condition de ne pas vous y rendre « l'Étéééééé » (comme le prononçait Jacques Brel), vous tomberez vous aussi sous le charme de ce qui ne fut jamais, contrairement à ce que prétendent les guides de toutes les couleurs, « un tranquille port de pêche ». Saint-Tropez fut le théâtre de massacres et de barbaries que l'histoire tente aujourd'hui d'effacer sous une crème à bronzer parfois indécente. Au fil des décennies, ce village fut meurtri autant qu'il fut aimé.

Le moment idéal pour s'y rendre est celui de « la Bravade ». La belle saison. Chaque week-end de Pâques depuis 1558, les Tropéziens suivent l'élection en grande pompe de celui qui deviendra capitaine de leur ville. Et ce n'est pas rien ! car c'est à lui qu'incombe, une année durant, d'organiser la défense de ses habitants. Il est vrai que, depuis quelque temps, la République l'y aide un peu. Les Tropéziens l'acceptent d'ailleurs de bonne grâce, avec ou sans gendarme !

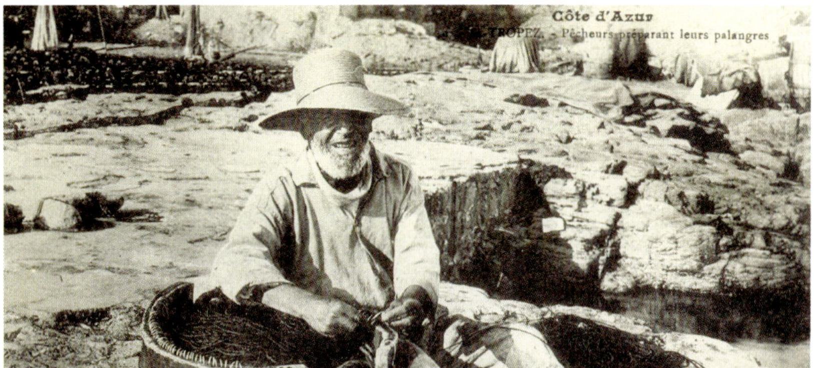

S'il revient au conseil municipal et au conseil de la communauté de choisir ce capitaine, l'accord de l'incontournable « cépoun » – maître élu des traditions et conservateur attitré de la cité – est indispensable. Certaines familles comptent plus de dix cépoun parmi leurs ascendants. Et ils sont plus de quatre cents à avoir succédé au premier : Honorat Coste.
Tous sont issus de familles tropéziennes ancrées dans le sable depuis plusieurs générations. Si vous croisez des « Coste », des « Barthélémy », des « Moriniere » et autres « Bartolo », « Roubier » ou « Raimondi », dites-vous que vous êtes probablement en présence d'authentiques Tropéziens. Et c'est précisément pour cela qu'il est intéressant de séjourner dans la ville à cette saison. C'est à ce moment-là que les « vrais » se retrouvent. La plupart n'ont, hélas, ni les moyens ni l'envie d'y résider quand la haute saison charrie son flot de touristes, lesquels, trop souvent, envahissent Saint-Tropez pour de mauvaises raisons.

LA BRAVADE N'EST PAS UNE PETITE AFFAIRE… Loin de se résumer à un défilé de majorettes le long du quai, puis à un verre de l'amitié à la salle des fêtes, la Bravade est une fierté tropézienne avec – imaginez donc ! – trois jours de cérémonies. Il y a d'abord la petite Bravade, puis la Bravade et, le lendemain, la grande Bravade. Tout commence avec l'aubade pendant laquelle on honore les anciens, suit la célébration des drapeaux, celui de la République, bien sûr, puis celui rouge-blanc-rouge de la ville, avec l'effigie de son saint. Viennent ensuite la bénédiction des armes, puis la procession que plus de quatre cents personnes suivent avec ferveur. Mais ce n'est qu'après avoir religieusement déplacé la statue du saint que la Bravade débute vraiment…
Au programme : un tour de la ville avec d'innombrables stations, des chants (en langue provençale, bien sûr !), les salves des tromblons, la messe des mousquetaires, les costumes, la distribution des bouquets bénits, puis la bénédiction des bateaux… Évidemment, tout ce que la région compte de préfets, de sous-préfets, d'évêques et de futurs candidats en tout genre et en manque de notoriété se doit d'être présent.

C'est ainsi qu'il convient de découvrir Saint-Tropez : au cœur de son patrimoine et de ses traditions les plus anciennes. Les Tropéziens sont généreux, ils vous accueilleront à bras ouverts, car la Bravade, c'est aussi le moment du repentir et du partage.

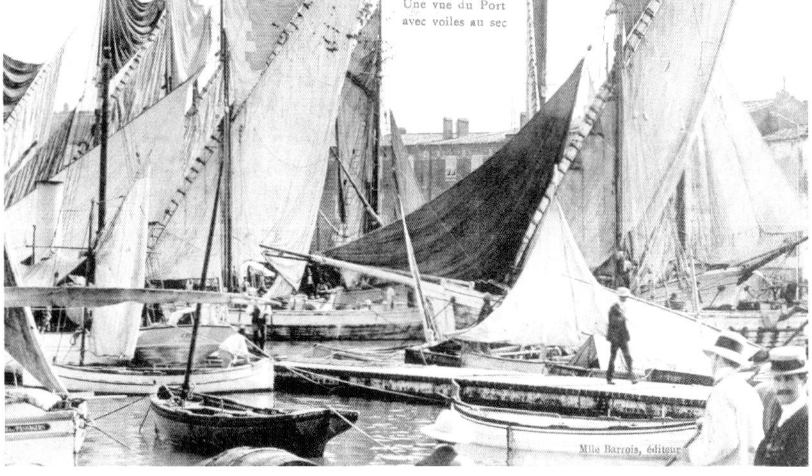

Vous qui pensiez que cet ouvrage s'ouvrirait sur les secrets la Madrague et de sa locataire universellement connue, détrompez-vous ! En effet, Saint-Tropez n'a pas attendu que Dieu créât « sa » femme pour se bâtir une réputation !

ET D'ABORD,
QUI EST CE SAINT ET D'OÙ VIENT-IL ?

Rien ne destinait Caius Silvisius Torpeto, qui n'a d'ailleurs jamais habité Saint-Tropez (du moins de son vivant), à devenir une star planétaire. Issu d'une famille honorable, ce Pisan est gouverneur du palais impérial de Néron quand il se laisse séduire par la « bonne parole » qui se répand alors de ville en ville. Intrigué, il assiste à quelques réunions secrètes où se retrouvent les premiers chrétiens. D'emblée, il se sent des leurs.
L'empereur, conscient que son jeune gouverneur est en train de se laisser embobiner par l'une de ces nouvelles croyances à la mode, lui ordonne de renoncer à suivre cette voie. Mais Caius refuse. Il en faut, de l'aplomb, pour tenir tête à Néron ! Ce dernier, qui reconnaît volontiers la force de caractère de son protégé, lui explique combien cette doctrine nuit à l'image et à la grandeur de l'empereur. Il l'affirme, il faut que cela cesse ! Caius refuse de nouveau. Pire : il ose la propagande ! Alors, malgré toute l'affection que Néron a pour lui, il convoque une nouvelle fois l'irrévérencieux et lui donne huit jours pour se repentir. En réponse, Caius choisit de se faire baptiser… Néron est déçu, il ne peut plus rien pour le jeune gouverneur, et c'est « la mort dans l'âme » qu'il lui fait trancher la tête, en quatre.

Le corps de Caius (ou ce qu'il en reste) est jeté dans une barque avec un coq et un chien censés le dévorer ; l'embarcation est poussée à la mer. La barque dérive pendant plusieurs semaines… Personne ne s'en soucie plus. Les chemins de la célébrité sont parfois inattendus.

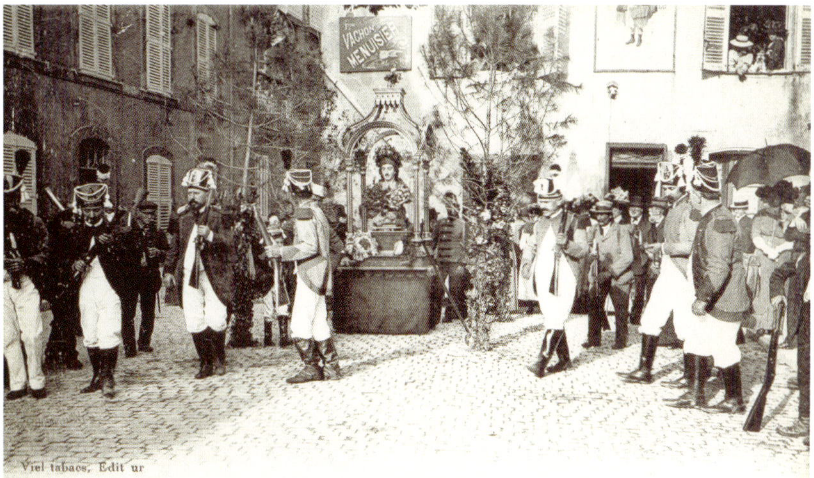

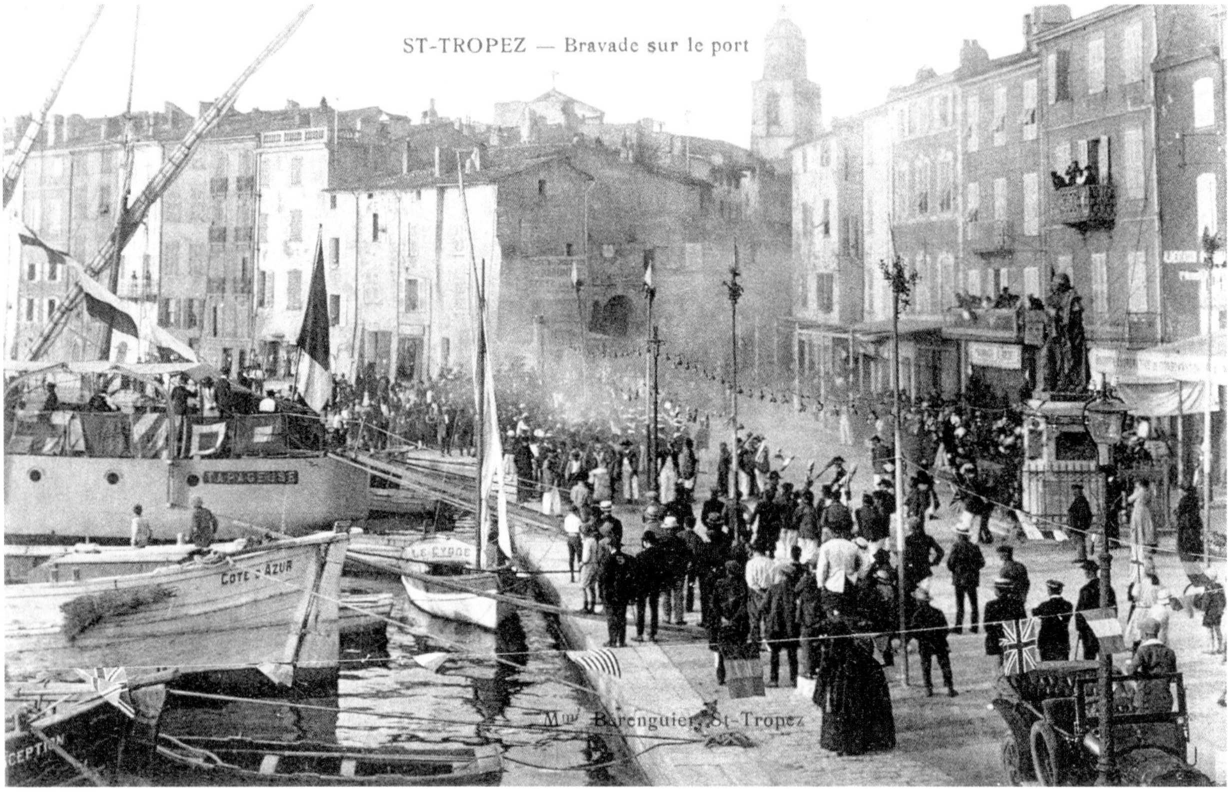
ST-TROPEZ — Bravade sur le port
Mme Barenguier, St-Tropez

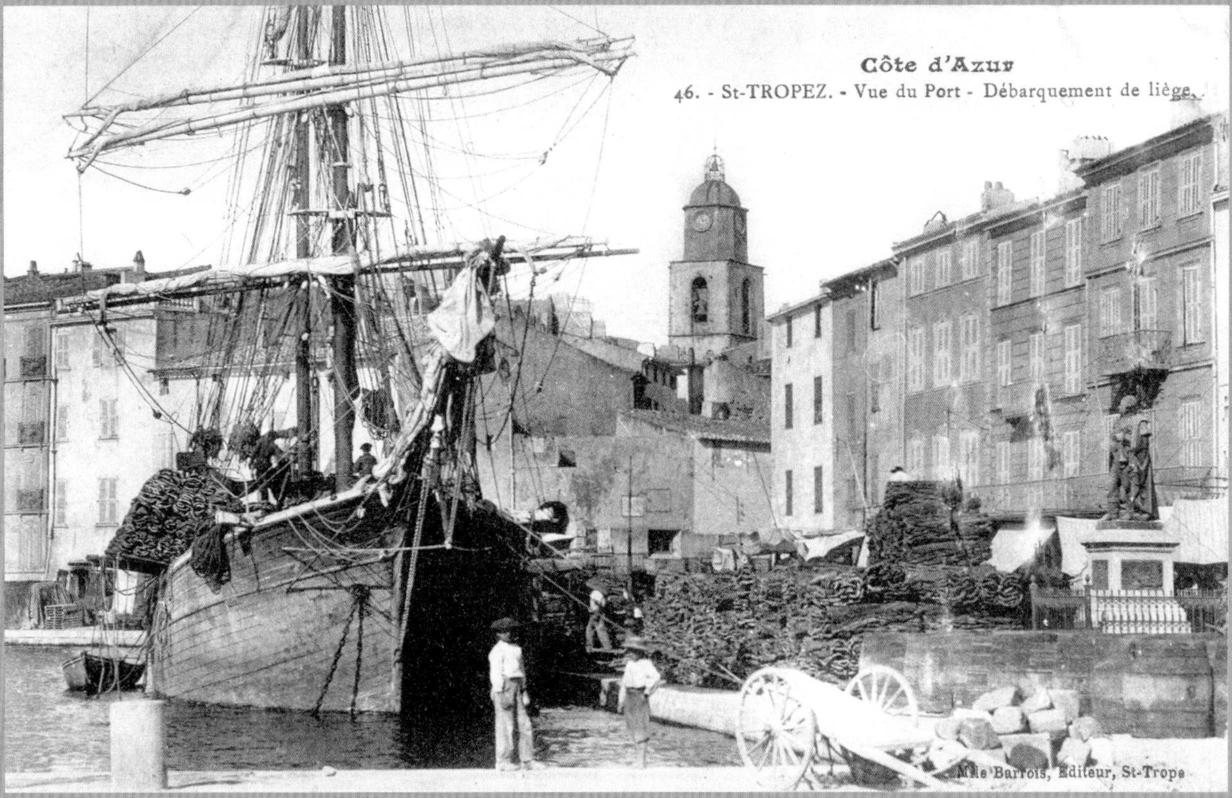
Côte d'Azur
46. - St-TROPEZ. - Vue du Port - Débarquement de liège.
Mlle Barrois, Editeur, St-Trope

Portée par des vents violents et des courants puissants, la barque finit par échouer à Héraclès (aujourd'hui Saint-Tropez). Nous sommes en l'an 68. Une jeune convertie locale du nom de Célérine a alors une vision : le Divin va lui envoyer un saint martyr.
De fait, Célérine découvre l'embarcation échouée. Personne ne sait ce qu'il est advenu du coq et du chien, mais de vielles rumeurs prétendent encore que les lieux baptisés « Cogolin » (Coq au lin) et « île de la Tête-de-Chien » prouveraient la véracité de ce récit. Soit. Quant à la relique de Caius, qui aurait été enterrée par la brave Célérine, elle est à ce jour introuvable.
Il existe d'autres légendes plus ou moins farfelues sur les origines de ce « saint », mais celle-ci semble la plus « crédible ».

Les historiens s'accordent à penser, à la lecture de textes grecs, que Saint-Tropez est d'abord habité par des Ligures italiens (presque mille ans avant Jésus-Christ). Mille ans plus tard, les Romains, dont rien ne dit qu'ils n'aimaient pas danser le twist, envahissent la région, non pas pour s'y baigner, mais pour en exploiter les nombreuses mines d'or, de fer et d'argent. (Finalement rien n'a vraiment changé… l'argent, l'or et les étrangers sont toujours là.)
Quatre siècles plus tard, en bons chrétiens et après une virulente évangélisation, les autorités locales chassent l'occupant et rebaptisent la ville du nom de « Castrum Sancti Torpetis ».

AUX Ve ET VIe SIÈCLES,

IL NE FAIT PAS BON PRENDRE L'APÉRO SUR LA PLAGE ABANDONNÉE…

Les Wisigoths succèdent aux Ostrogoths qui, eux-mêmes, se font déloger par les Sarrasins. La ville est maintes fois brûlée, pillée, détruite et reconstruite jusqu'en 739, date à laquelle elle est rebaptisée « Djabal al Kilal » ! Rien ne s'arrange avec l'arrivée des Maures ; ces derniers ne sont chassés qu'en 980

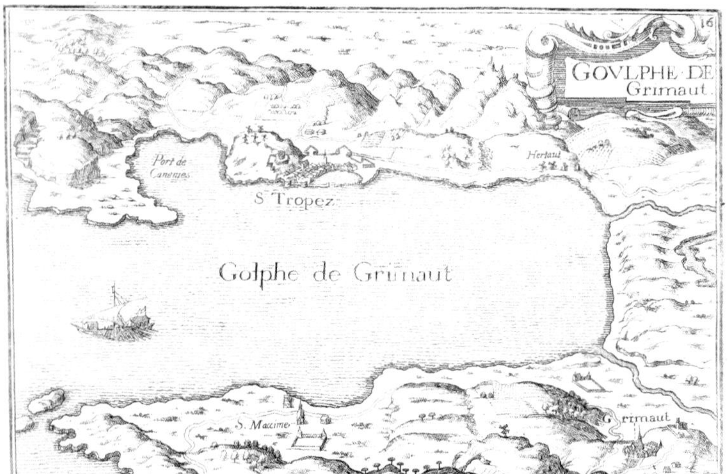

par Guillaume Ier comte de Provence. Sale période pour les touristes !

Il y a tant de massacres durant toutes ces années que la région est presque totalement désertée. Les rares habitants qui y vivent cachés préfèrent fuir les bords de mer (comme aujourd'hui). La côte est déserte ; à Saint-Tropez… pas une âme.

Guillaume Ier rétablit la chrétienté. Peu à peu, quelques familles acceptent de revenir sur le littoral. Elles n'en mènent pas large et, pour récompenser les courageux, les magistrats proposent une exonération d'impôts. Ah, c'est bien, ça !… Rapidement, la communauté retrouve un peu d'ampleur, et commerces et pêcheurs envahissent à nouveau le port. Saint-Tropez dispose de sa propre force navale et de sa propre armée de terre. La ville se forge ainsi une réputation de farouche indépendante, et le Tropézien est connu pour défendre âprement ce statut. De Charles IX à Louis XIV, Saint-Tropez conserve donc cet avantage.

TOUJOURS PAS DE BRIGITTE BARDOT, DONC… Car, sans vouloir l'offenser, il y eut avant elle de nombreux visiteurs célèbres qui se délectèrent de la beauté époustouflante et de la lumière unique des lieux.

Je ne vais pas vous ennuyer en faisant du *name-dropping*, mais, quand même, jugez du peu : Barberousse en 1530 ; le pape Clément VII et sa nièce Catherine de Médicis en 1553 ; François Ier en 1558, puis Marie de Médicis en 1600. En 1615 vient le tour du premier Japonais, Hasekura Rokumeon (ambassadeur de l'empereur du Japon auprès du roi d'Espagne), qui, poussé par une méchante tempête, se voit contraint de débarquer à Saint-Tropez. Il y passe deux nuits, logé chez la veuve du premier cépoun, Honorat Coste. L'histoire ne dit pas s'il s'y est plu, mais force est de constater qu'il y a, aujourd'hui encore, peu de Japonais à Saint-Tropez. Ce ne sont pourtant pas les geishas qui manquent !
N'oublions pas, au nombre des célébrités de la première heure qui défilèrent à Saint-Tropez, Pierre André de Suffren. En 1775, le truculent capitaine est nommé lieutenant du roi de la ville. Il parle comme un charretier, jure, rote et pète à tout vent ; il est, de surcroît, d'une hygiène douteuse, mais son autorité et son courage en mer effacent tous ses travers. Ce grand navigateur, qui se vante de connaître toutes les criques de la Méditerranée, s'aventurera en Afrique et poussera même son embarcation jusqu'à Boston. Il est la fierté de tous les Tropéziens. Son buste en bronze, coulé à partir des canons pris à ses ennemis, fut inauguré en 1866.

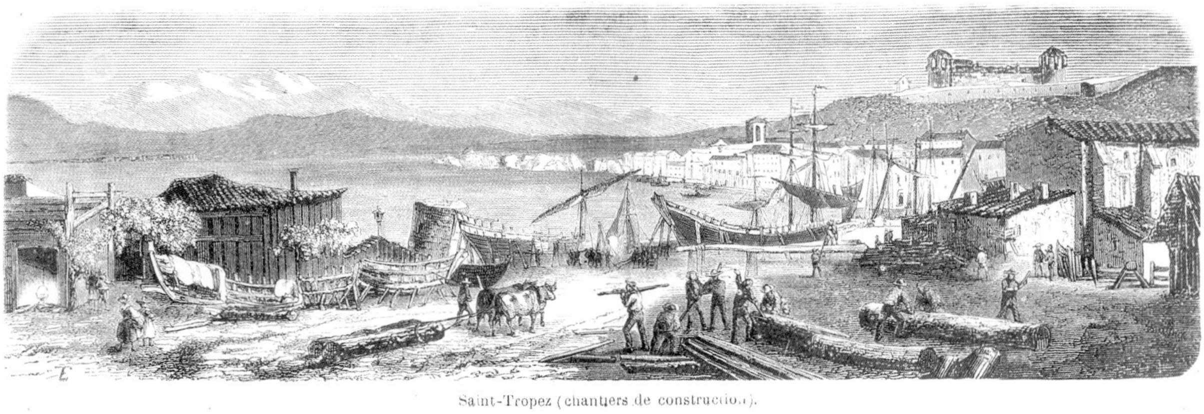

Saint-Tropez (chantiers de construction).

En 1793, c'est un jeune lieutenant déjà célèbre qui débarque à Saint-Tropez... Napoléon Bonaparte, bien sûr ! C'est également de cette ville que, quelques années plus tard, il embarque pour l'île d'Elbe. L'impératrice Eugénie succombe elle aussi à la volupté tropézienne. Elle loge alors chez le gendre de Franz Liszt qui, quelques années auparavant, a acquis le château des Salins.

Voilà, nous ne sommes pas encore au XXe siècle que, déjà, Saint-Tropez brille par sa réputation enchanteresse ! Les bains de mer ne sont pas encore à la mode, et il ne viendrait d'ailleurs à personne l'idée de se laisser glisser dans l'eau turquoise, qui n'est alors perçue que comme un vaste garde-manger. Mais le soleil, les cigales, la couleur de l'eau, la douceur des courbes des rivages sont autant d'irrésistibles plaisirs auxquels tous rêvent de goûter. Et tous découvrent quelque chose qu'ils ignorent : la volupté.

1878, SAINT-TROPEZ A TOUT D'UNE GRANDE...

Le port héberge pas moins de deux cent quatre-vingt-sept marins, cent vingt-cinq capitaines au long cours, neuf cent vingt-sept navires, dont quatorze trois-mâts, dix bricks, deux cent cinquante pointus et onze tartanes. La tartane est un peu l'ancêtre de nos porte-conteneurs. Le nom aurait pour origine le mot arabe *taridah* qui signifie « vaisseau ». Ce type de bateau est utilisé aussi bien pour transporter des tuiles que pour la pêche.
Dans les ruelles et sur le port se presse une population de plus de trois mille habitants ! Sur les quais, c'est en provençal qu'on crie à tue-tête, et les ruelles embaument l'huile d'olive, les épices, le thon mariné et l'anchois.

Pas de Rivas, la plaisance n'existe pas encore.

Bien avant que B.B. ne s'affiche, triomphante, sur sa Harley-Davidson, c'est une autre femme, elle aussi grande provocatrice, qui fait la notoriété de Saint-Tropez. Nous sommes seulement vers 1920 quand, pour la première fois, Colette découvre son paradis. « J'évolue parmi les flammes, ce brasier craquant des bois des pins, ces résines qui coulent, ces dalles qui brûlent le pied nu », écrit-elle à une amie.

où il était venu à l'âge de quinze ans avec sa famille qui quitta son pays au moment où Oribe le lieutenant de Rosas commença le siége de Montevideo ; il a été élevé à Paris : après avoir fait ses études à Sainte-Barbe, il a suivi les cours de la Faculté de médecine de Paris, a été interne des hôpitaux, et est resté quelque temps attaché en qualité d'interne à l'hôpital du Bon Jésus dans le service du docteur Blache. Reçu docteur en médecine, il revint à Montevideo où il s'occupa presque exclusivement de sa profession. Cependant quand le général Florès fit son pronunciamiento, le docteur Vidal n'hésita pas, il manifesta et courageusement ses sympathies pour le parti libéral. Après la paix du 20 février 1865 qui confirma le triomphe du général Florès et mit fin à la guerre civile, le docteur Vidal fut appelé au ministère de l'intérieur (de gobierno), et enfin choisi comme délégué du président de la République orientale de l'Uruguay, poste qu'il occupe encore aujourd'hui.

BUSTAMENTE.

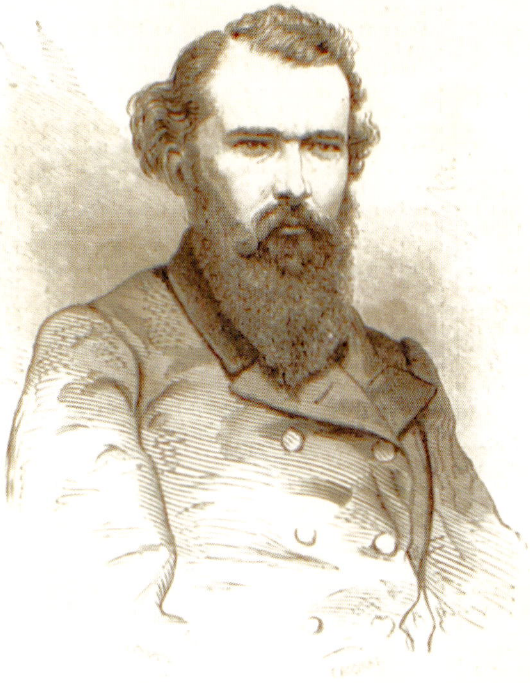

M. ANTONIO VIDAL, président de la République orientale de l'Uruguay.

(D'après la photographie communiquée par M. Tiberghien-Ackermann, consul général de la République de l'Uruguay à Paris.

Visite de l'Empereur à la barrière du Trône pendant la foire au pain d'épice.

L'Empereur a fait le 31 mars, après midi une promenade en voiture dans le quartier Saint-Antoine, où a lieu la foire au pain d'épice.

Sa Majesté, partie des Tuileries à quatre heures, en daumont et sans escorte, s'est rendue à la place du Trône par la rue Saint-Antoine et le boulevard Mazas. La foule était tellement compacte, que la voiture impériale a dû traverser au pas la place du Trône et le boulevard du Prince-Eugène. Les acclamations les plus enthousiastes n'ont cessé de se faire entendre sur le passage de Sa Majesté. Une masse énorme entourait la voiture et l'a escortée jusqu'au boulevard du Temple, en témoignant de son respect pour le Souverain.

L'Empereur est rentré à cinq heures et demie, aux Tuileries, par les boulevards et la rue de la Paix.

M. V.

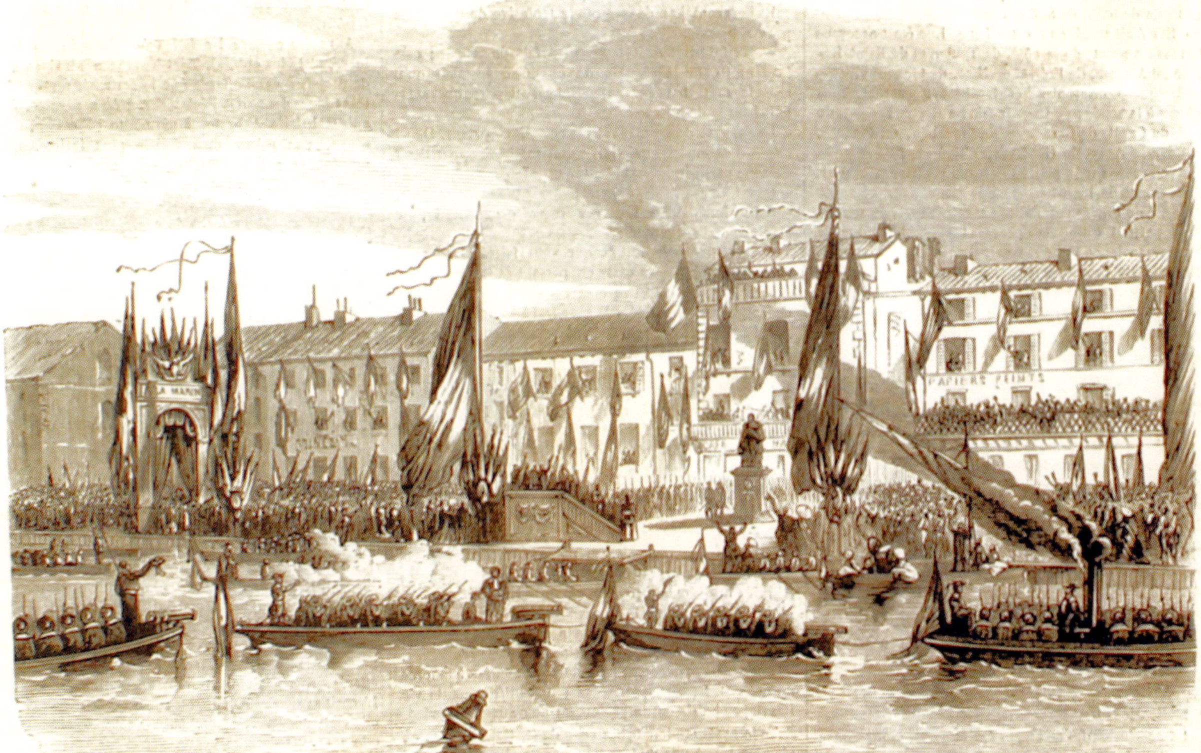

FRANCE. — Inauguration à Saint-Tropez (Var) de la statue du bailli de Suffren. — Défilé des canots de l'escadre armés en guerre. (D'après le croquis de M. Restan.)

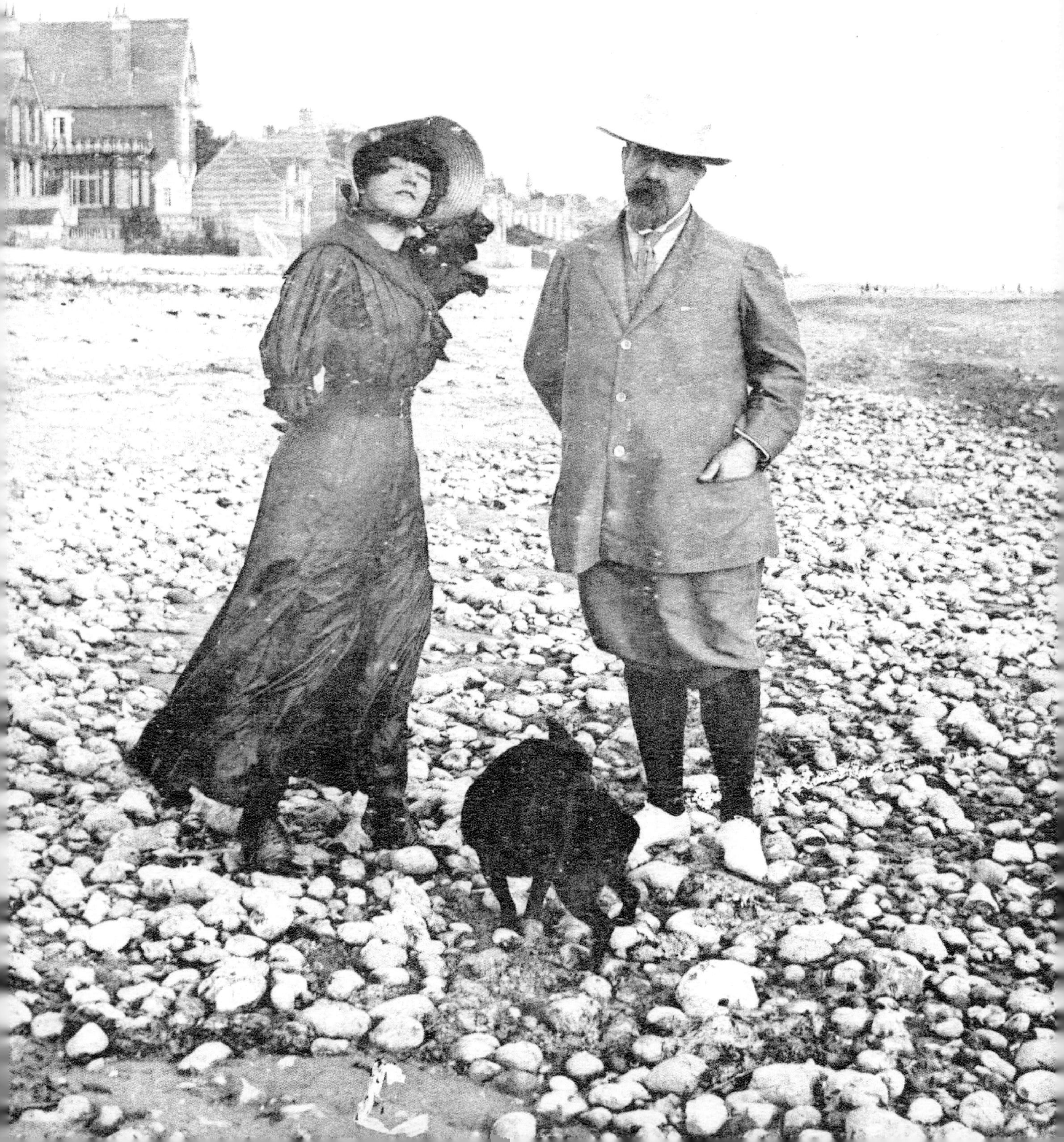

Colette acquiert rapidement la Treille muscate, une demeure qui, pour elle, réunit tout ce dont l'homme a besoin pour vivre heureux. Elle y passe désormais tous ses étés, partageant ses journées entre écriture, bains de mer, jardinage et amis. Et ils sont nombreux ceux qui, bientôt, découvrent grâce à Colette l'ivresse de la paresse !
Joseph Kessel, Paul Géraldy, Antoine de Saint-Exupéry et bien d'autres se laissent à leur tour bercer par le chant de la terre tropézienne. Des peintres, des politiciens, des académiciens et, bien sûr, de nombreux écrivains ou acteurs : la Treille muscate reste longtemps le plus beau salon de la Côte. Colette et sa sulfureuse réputation de femme libre attirent à Saint-Tropez tous les talents en vue de l'époque.

Le Guide Michelin, alors réservé aux seuls chauffeurs de maîtres, annonce Saint-Tropez à neuf cent dix-sept kilomètres de Paris. Qu'à cela ne tienne, à cette époque le temps n'a que peu de valeur ! De fait, il faut presque vingt-quatre heures pour parvenir à bon port.

La vie tropézienne de Colette est la même que celle qu'adoptera plus tard B.B.. Elle se lève de bonne heure, se rend sur le marché avec l'automobile qu'elle conduit elle-même, puis part se baigner, nue, sur une plage à l'abri des regards. Elle nourrit ses animaux et terrasse son potager. Elle lit énormément et écrit là certains de ses textes les plus célèbres. Sans le savoir, et sans le vouloir, elle crée la légende de Saint-Tropez et, bientôt, la voilà qui se plaint de cette manie qu'ont les touristes de venir rôder autour de sa demeure.

LE SEUL RISQUE
DE POSSÉDER SON PARADIS EST DE LE PERDRE

Nous sommes entre les deux guerres, dans les années trente. La « mode » tropézienne est bien lancée. Sous les yeux ahuris des pêcheurs du coin viennent se pavaner les grands de ce monde, qui découvrent les herbes de Provence et… l'opium, lui aussi très en vogue.

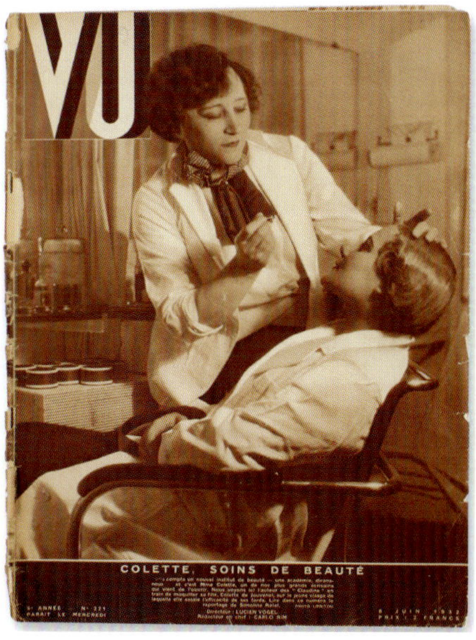

Sur le port, les automobiles les plus luxueuses rivalisent de chromes devant le café de Paris. Un petit confiseur comprend rapidement le parti qu'il peut tirer de cette ruche assoiffée : Sénéquier ouvre sa première terrasse.
Les femmes s'habillent chez Vachon, qui vend ces drôles de pantalons conçus pour elles, très remontés sur la cheville… C'est à Saint-Tropez que les gambettes se dévoilent.

On se bouscule maintenant pour apercevoir Colette qui, elle, se fait de plus en plus rare sur le port. Colette fuit la foule. Elle comprend que son paradis est à jamais perdu, et c'est isolée dans sa demeure, son refuge, qu'elle trouve la liberté qu'elle chérit tant. Colette comprend trop tard ce qu'elle a provoqué et pleure le Saint-Tropez qu'elle a tant aimé… Celui où telle une exploratrice elle avait l'impression d'être la première à marcher dans l'eau profonde et saphir. Saint-Tropez ne sera plus jamais tel qu'elle l'a connu. Un accident d'automobile l'oblige à porter des chaussures sans lacets, et la voilà qui invente, bien malgré elle, la célèbre sandale tropézienne ! Colette ouvre en 1932 une boutique de produits de beauté. Quitte à être enquiquinée par cette horde de touristes, autant en tirer le meilleur profit, non ? Toutes les dames du monde s'y précipitent, et l'écrivaine, amusée de sa bonne blague, prend même un certain plaisir à les y accueillir en personne et à les maquiller… quand elle est de bonne humeur, ce qui est assez rare, il faut en convenir.

Saint-Tropez n'est plus, mais « SanTrôp », comme le prononcent les Américains, renaît à chaque marée. Plus personne ne s'étonne de croiser Maurice Chevalier prenant un verre avec Mistinguett ou Raimu tapant le carton avec Marcel Pagnol à la terrasse du Palmyre.

IL Y A QUELQUE CHOSE DE LÉGER QUI SOUFFLE DANS L'AIR CHAUD… si léger que l'envie de danser contamine toute cette joyeuse assemblée. Même Mme la maréchale Pétain succombe à ces plaisirs nouveaux. Et la liste des invités s'allonge, et s'allonge encore. Elvire Popesco, Coco Chanel, Francis Picabia, Errol Flynn, Louis Jouvet, Édouard Daladier, Marlène Dietrich et même le prince de Galles laissent exprimer ici tous leurs désirs, même les plus inavouables.
À la fin du XIXe siècle, Guy de Maupassant écrit ce mot charmant à propos de Saint-Tropez : « C'est là une de ces charmantes et simples filles de la mer… » Pourtant, les plus sensibles à la beauté du lieu, avant les hommes de plume, furent les peintres.

Paul Signac débarque dans les années 1890. Il est foudroyé par la magie de Saint-Tropez et par toutes les palettes qui s'offrent à son œil. Sans relâche, chevalet en bandoulière, il arpente sentiers, criques et pinèdes.

TOUT L'ÉBLOUIT,
RIEN NE L'AVEUGLE

Le peintre laisse à la prospérité une multitude de tableaux ensoleillés. Ce symphoniste de la couleur compose à Saint-Tropez ses plus belles partitions. Ses émules sont innombrables. Henri Matisse, bien sûr, mais aussi Henri Manguin, Albert Marquet, Charles Camoin et l'incontournable André Dunoyer de Segonzac. Ils forment une joyeuse bande qui vit de farces, de brouilles, de réconciliations et de perditions dans des lieux dont la volupté n'a d'égal que leurs désirs.
En 1917, Pablo Picasso épouse une Tropézienne… pour quelques mois. On vit moins longtemps alors, et il faut se hâter si on veut s'offrir plusieurs vies ! C'est encore à Saint-Tropez, en 1936, qu'il s'éprend de la photographe Dora Maar… entre autres.
Picasso aime Saint-Tropez, il s'y sent comme chez lui et passe du temps avec ses habitants. Bientôt, un autre B.B., également célèbre, succombe à son tour au charme de cette plage de moins en moins abandonnée : Bernard Buffet.

Aujourd'hui, ils sont des dizaines à haranguer un flot de touristes crédules pour leur vendre des toiles peintes à la chaîne quelque part du côté de Shenzhen. Qui sait, parmi eux se cache peut-être un véritable artiste qui, plus tard, ajoutera son nom à la liste impressionnante des talents qui ont ici trouvé l'inspiration.

COLETTE EST FATIGUÉE. Elle tombe malade ou, tout simplement, elle vieillit. En 1939, elle cède son paradis à Charles Vanel. Un paradis n'a pas de prix, il semble pourtant l'acheter pour une bouchée de pain…

C'est la guerre. Saint-Tropez a beau se trouver en zone dite « libre », la ville abaisse temporairement son rideau clinquant pour redevenir un paisible port de pêche. Ce sont les vraies riches heures de Saint-

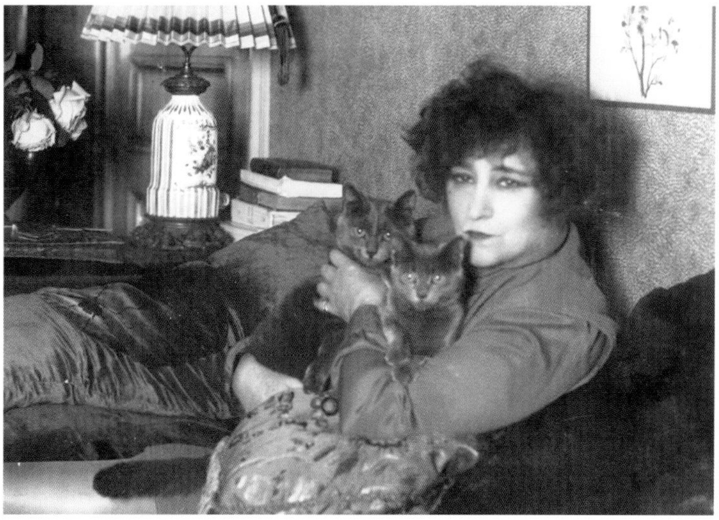

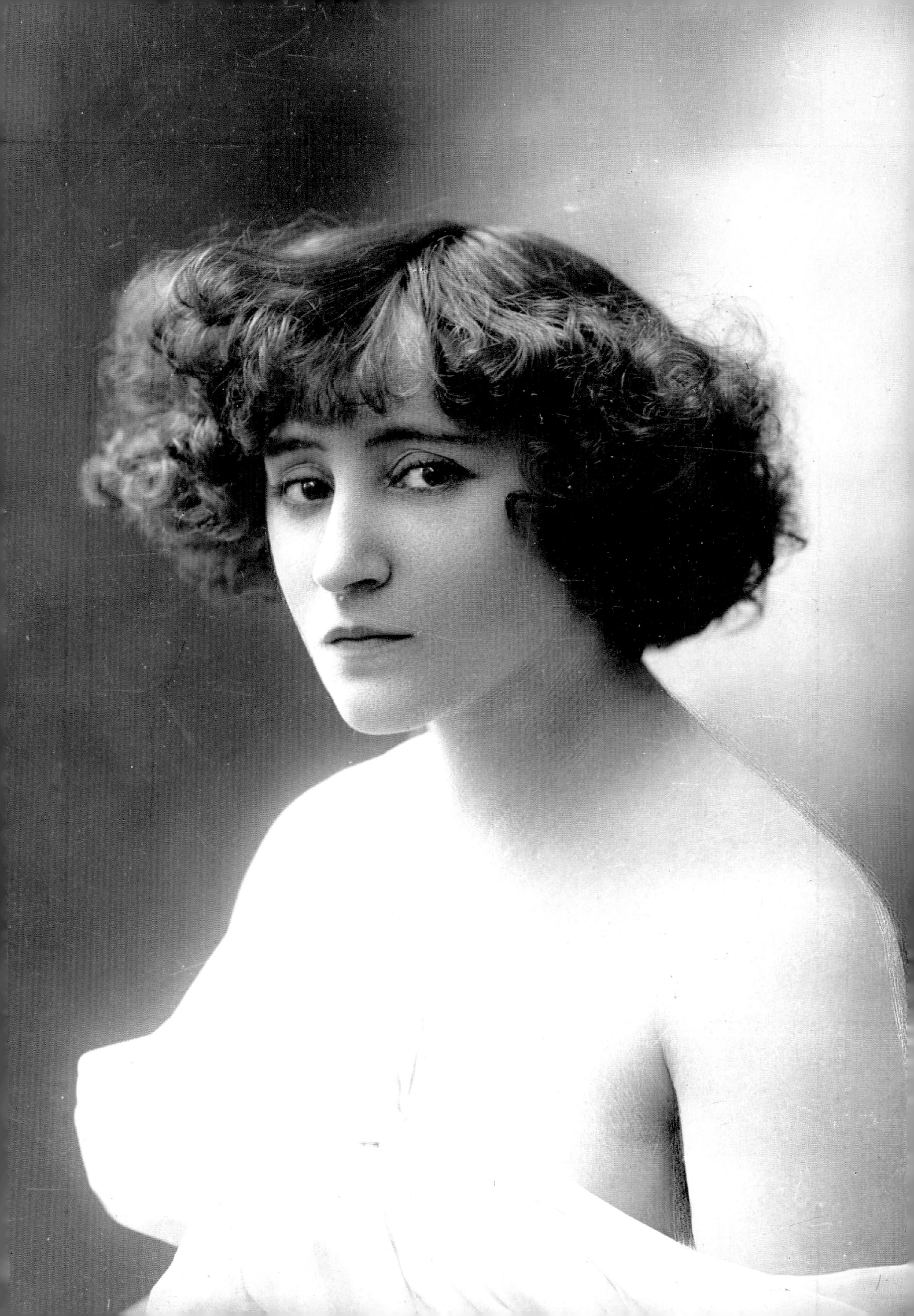

Trop qui s'achèvent. Bien entendu, la guerre sur fond bleu azur semble moins pénible que celle vécue sous la botte de l'occupant. Reste que ceux qui ont fait de cette ville un paradis sont presque tous parisiens, et ils sont absents. Par décence pour certains, par manque de moyens pour d'autres. Le souffle euphorique s'apaise jusqu'à ne plus être qu'une légère brise qui peine à faire trembler les feuilles d'eucalyptus. Les temps sont durs et, même chez les artistes, plusieurs sensibilités s'expriment. On se méfie ; on s'isole. «Isolement», voilà bien un mot qui sied peu à Saint-Tropez ! L'antisémitisme est présent ici comme ailleurs. Les volets se referment… ils ne protègent pas que du soleil.
Il faut quelques années pour que la météo politique soit plus clémente, enfin propice au badinage. L'ennemi est parti : tout est à reconstruire, même la légende. Après les privations, le besoin de strass et de paillettes se fait pressant. C'est d'abord à Cannes qu'on va le chercher. Cannes et son festival de cinéma. Imaginé avant-guerre, celui-ci est finalement décalé en 1946. La ville de Saint-Tropez est délaissée… temporairement. Jusqu'à ce qu'une bande d'agités vienne réveiller la belle endormie.

CANNES N'EST PAS LEUR VERRE DE PASTIS… Trop chic ! Anticonformistes, et même assez provocateurs, ils débarquent à Saint-Tropez sans but précis, mais avec une idée fixe : faire la fête. Et ils s'y connaissent ! Boris Vian est leur capitaine. Eux, c'est toute la bande d'agités qui fait trembler les caves de Saint-Germain-des-Prés avec de la «musique nègre», comme disent les revues de l'époque. Et c'est reparti pour un tour ! Comédiens, chansonniers, profiteurs… tous reviennent.
Ils n'ont pas un rond. Ils n'ont pas de tabous. Ils n'ont peur de rien et ne font de mal à personne. Ils veulent juste «s'éclater», se baigner, faire l'amour, danser et transformer tout cela en musique pour les uns, en peinture pour les autres, en littérature pour certains. Ils ont bouffé des racines pendant la guerre alors un sandwich au thon vaut presque le meilleur des plats d'un trois étoiles Michelin. Ailleurs, tout leur est interdit ; ici, ce mot n'existe pas. Pas encore.

Et, une nouvelle fois, le renouveau de Saint-Tropez passe aussi par une femme inoubliable. Non, ce n'est encore celle que vous croyez… patience ! Celle-ci est toute timide. De bonne famille, elle arbore une tristesse infinie dont elle fera commerce bien malgré elle. Elle aussi écrit. Elle le fait si bien que son succès n'attendra pas les années. Elle s'appelle Françoise, personne ne la connaît, pour l'instant. En 1954, elle reçoit le prix de la critique pour son roman *Bonjour tristesse*. Françoise Sagan n'est pas majeure, mais

c'est elle qui va redonner souffle à la désormais célèbre plage qui n'en finit plus d'être abandonnée, puis reconquise marée après marée.
L'indémodable et irrésistible beauté de Saint-Tropez attire une nouvelle fois les esprits les plus fins de l'après-guerre : Claude Brasseur, Joseph Kessel, Juliette Gréco, Darry Cowl... ils sont là. Un jeune homme bourré de talent traîne avec eux. Il est saisi par le lieu ; il le comprend et l'apprivoise si bien qu'il décide en 1957 d'y créer la femme (avec Dieu). Lui s'appelle Roger Vadim. Elle, sa compagne, son âme damnée, celle qui va porter le nom de Saint-Tropez dans le monde entier, s'appelle Brigitte Bardot. Enfin... la voilà, pour le meilleur et pour le pire de ce petit port tranquille.
Issue d'une famille honorable du XVIe arrondissement parisien et fille d'un père relativement strict, elle veut vivre, tout simplement, elle va s'y atteler avec force et conviction.

ET DIEU CRÉA LA FEMME est, pour le cinéma, aussi révolutionnaire que la naissance du rock and roll le fut pour la musique. Pourtant, l'affaire démarre plutôt mal. En France, le film gagne... la réserve des critiques. Ces derniers ne comprennent pas ou, tout simplement, n'osent pas comprendre. Mais les Américains, eux, adorent, et, par ricochet, le succès atteint finalement les rivages de la France. B.B. en profite pour imposer le Bikini.
Quelques mois après le tournage, elle divorce d'avec Roger Vadim. Un jour, sa mère l'appelle : « Chérie, je viens de visiter une ravissante petite maison au bord de l'eau. Viens la voir, tu vas l'adorer ! » Nous sommes en 1958, au mois de mai. Le mois où la nature exhibe ses plus beaux atours. B.B. adore ce « paradis tropical » et l'achète. Que la fête commence ! La Madrague, située route des Caroubiers, devient le centre de l'univers.
Les Tropéziens s'amusent de cette sirène au joli cul, échouée sur leur rivage comme par enchantement. Elle apprend à vivre avec eux de la manière la plus simple. Comme Colette, elle se lève tôt, fait son marché et repart aussi discrètement qu'elle est venue. Ce qui est de plus en plus difficile.
B.B. organise des fêtes, beaucoup de fêtes ! Très vite, les histoires les plus folles circulent sur sa vie, plus dissolue dans les tabloïds qu'elle ne l'est en réalité. Les photographes se massent derrière, devant, sur les côtés de la Madrague ; certains débarquent sur sa plage en hommes-grenouilles! On raconte n'importe quoi, et la rumeur alimente la rumeur.

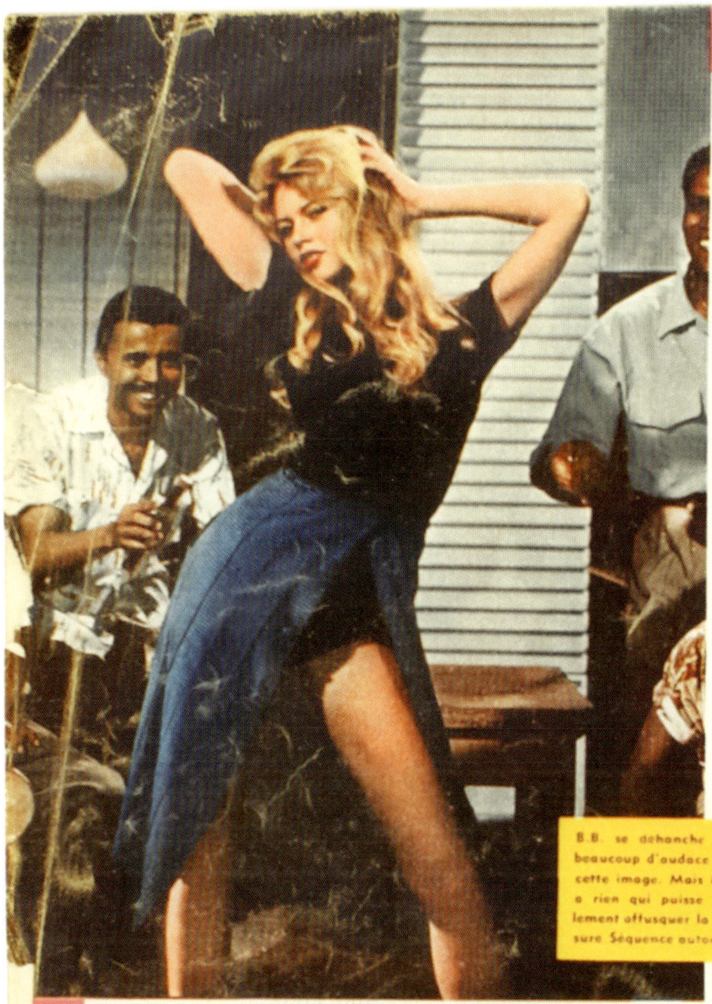

B.B. se déhanche avec beaucoup d'audace dans cette image. Mais il n'y a rien qui puisse réellement offusquer la censure. Séquence autorisée.

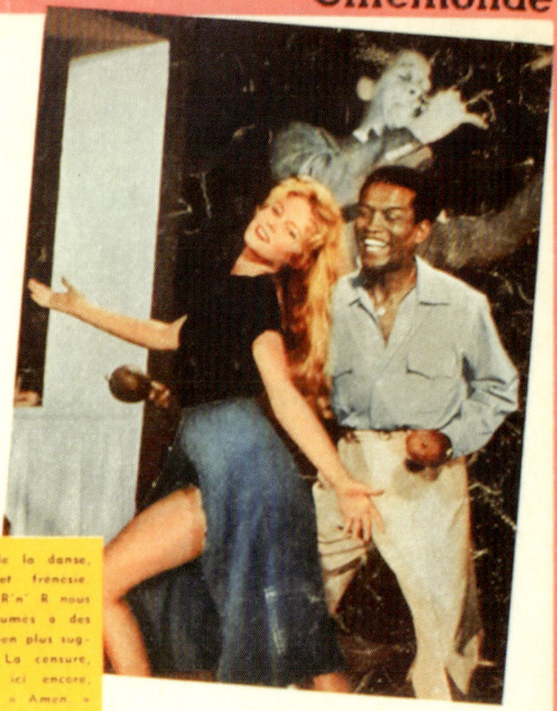

Ivresse de la danse, rythme et frénésie. Mais le R'n' R nous a accoutumés à des images bien plus suggestives. La censure, tolérante ici encore, a dit : « Amen. »

B. B. CENSURÉE

Brigitte Bardot est triste. Les vénérables messieurs de la commission de censure ne veulent pas que les futurs spectateurs de *Et Dieu créa la femme* puissent la contempler à l'état naturel. Conviés à assister à la projection du film les censeurs ont été horrifiés par la première image : Brigitte entièrement nue, allongée sur le sable. A diverses autres reprises B.B. apparaissait sur l'écran vêtue de sa seule candeur et de ses longs cheveux. Les censeurs ont opposé leur veto. Vadim a dû couper. Le film sera amputé. Mais le *Mambo B.B.*, suggestif et audacieux, restera.

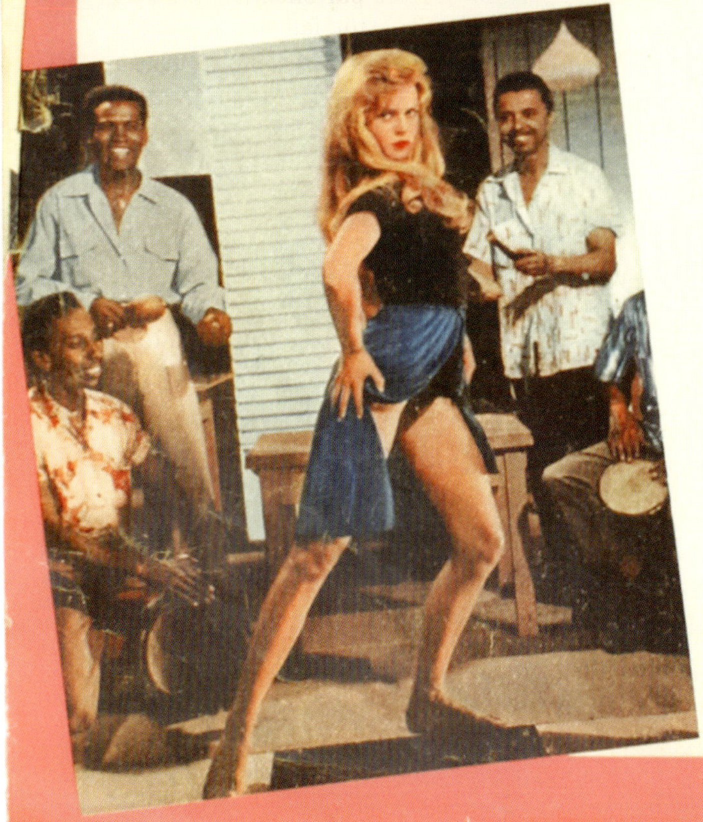

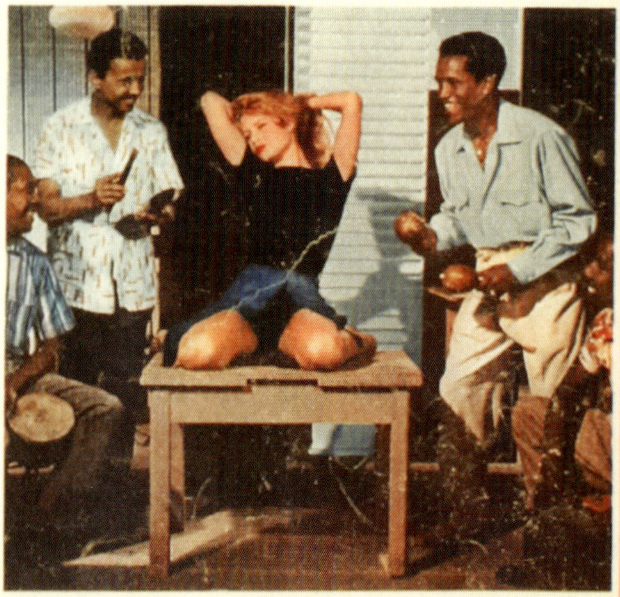

B.B. retrousse ses jupes d'une façon provocante. Mais les jambes sont si agréables à regarder...

Cartes sur table... B.B. se grise de mouvement. Elle ondule en mesure. Les musiciens l'entourent.

NOIR ET BLANC

SEMAINE DU 21 AU 27 OCTOBRE 1964

20e ANNÉE — N° 1025

B.B. : ADIEU SAINT-TROP'...

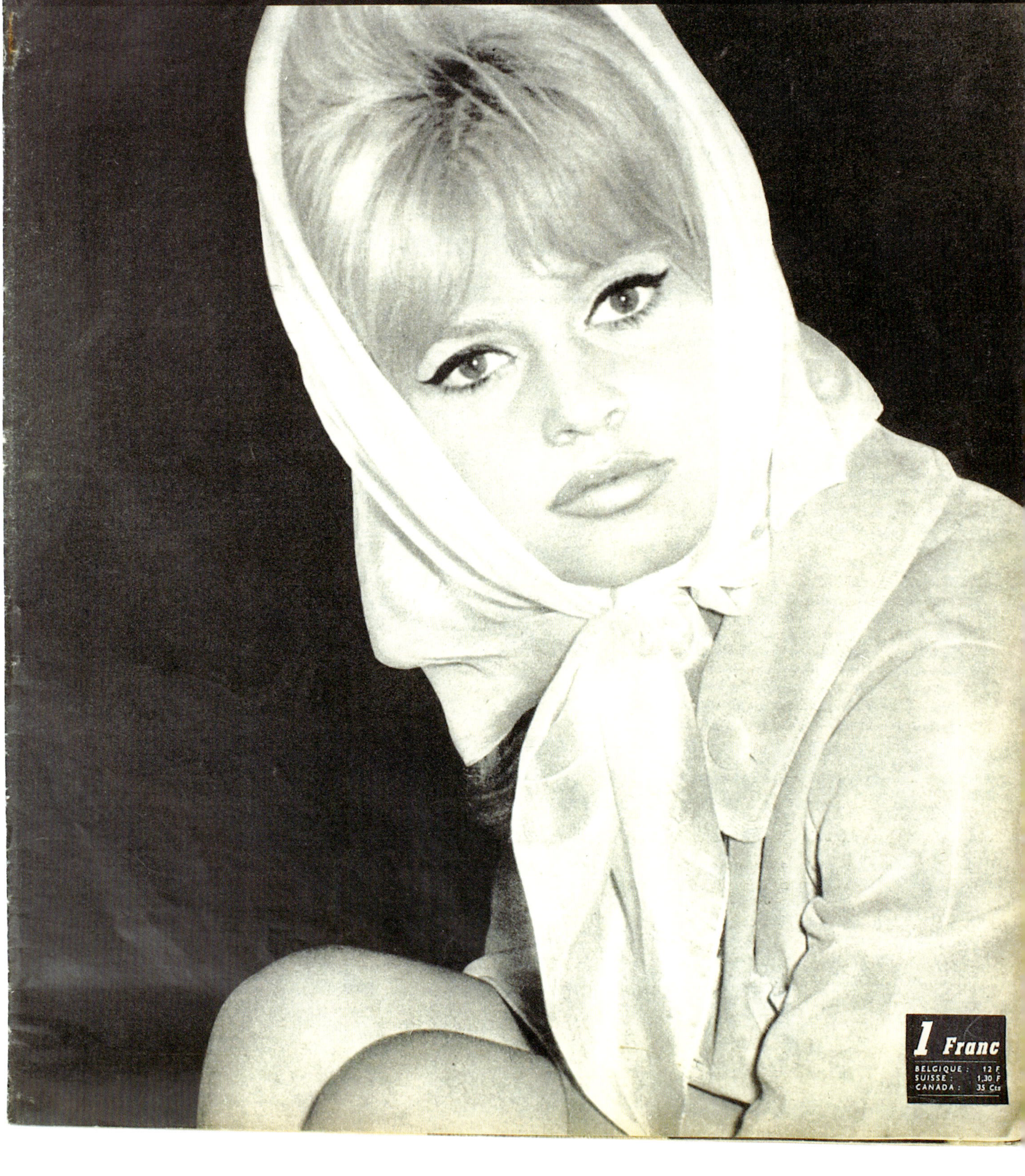

1 Franc

BELGIQUE : 12 F
SUISSE : 1,30 F
CANADA : 35 Cts

EN DÉCEMBRE 1958
LE CANARD ENCHAÎNÉ TITRE :
« FAUT-IL BRÛLER BRIGITTE BARDOT ? »

Pourtant B.B. ne fait que vivre sa vie... Elle fait venir Eddie Barclay, Sami Frey, Roger Hanin, sa sœur Mijanou ; tous suivent. Les touristes aussi. Elle obtient le droit de protéger sa petite maison par un muret qui plonge de quelques mètres dans la mer. Les paparazzis s'en émeuvent ; les Tropéziens approuvent. Non ! Madrague n'est pas une forteresse. Non ! Brigitte ne provoque pas : elle essaie simplement de se protéger. Les habitants comprennent rapidement que de la tranquillité de la star dépend le bon commerce de la ville. Ils l'aident donc à demeurer plus ou moins cachée. B.B. est leur meilleure agence de communication, ils ne veulent surtout pas la perdre !

Nous sommes au milieu des trente glorieuses, sous le soleil exactement. Le twist remplace le cha-cha-cha et, bientôt, laissera la place au jerk. Il y a les Stones d'un côté et les Beatles de l'autre. Mais quand il s'agit de danser, qu'importe la marque de la guitare ! Même Georges Brassens est de la fête.
Les boîtes, on ne parle pas encore de « clubs », ne font que suivre le mouvement. Le Papagayo (« Le Gayo », pour les habitués), le Vroum Vroum et, plus tard, les Caves du roy deviennent rapidement les plus importants « débits de champagne » du sud de la France. Les orchestres sont « terribles », et on se presse pour écouter Sacha Distel, symbole de la période yé-yé.

Malgré tous ses efforts, Jacques Charrier peine à retenir les assauts des admirateurs de Brigitte. Le baron Gunter Sachs trompe sa défense et lui vole B.B. qu'il épouse à Las Vegas. Lorsque celle-ci rentre à Saint-Tropez, ce ne sont plus « que » quelques admirateurs qui se pressent autour de la Madrague, mais des cars entiers de touristes ! La maison est devenue le passage obligé des voyagistes de toute nationalité. Brigitte explose. Trop c'est trop !

STUPEUR,
LA MADRAGUE EST À VENDRE !

B.B. menace de quitter Saint-Tropez pour Deauville. Heureusement, la Madrague ne trouve pas preneur. Et la belle reste. Le désir submerge la raison. Elle remise ses valises et, en 1968, donne une fête dont tous les participants se souviennent encore ! Ils étaient plus de mille. Elle chante *Je t'aime, moi non plus*, de Gaulle vient de démissionner, les grévistes ont repris le travail, Romy Schneider tourne *La Piscine* avec Alain Delon (qu'elle n'aime pas trop...).

En 1971, B.B. entreprend quelques travaux et fait installer le chauffage central. C'est plus confortable l'hiver. Brigitte a le blues. Elle perd son père, et ses affaires sentimentales sont compliquées. Elle abandonne la Rolls blanche pour une Méhari. Elle essaye autant qu'elle le peut de se faire discrète.

En 1974, elle cesse de tourner et consacre désormais son temps à la défense des animaux. Les cars de touristes se font plus rares, et, peu à peu, elle obtient de ce qu'elle recherchait tant... l'oubli.

Mais la solitude est parfois plus lourde à porter que la célébrité. Les visiteurs sont moins nombreux eux aussi et ceux qui passent encore sont un peu effrayés par le nombre d'animaux hébergés. L'arche de Noé ne séduit plus les amis. Au nom de la liberté de circuler sur le littoral, Pierre Mauroy menace de faire sauter le mur qui protège la Madrague. C'est une époque où Brigitte va mal. Elle n'a pas définitivement rangé son costume de scène et n'assume pas encore complètement son nouveau combat. Ses admirateurs sont perplexes : « À quoi joue-t-elle exactement ? Quand va-t-elle de nouveau tourner des films ? » La réponse est sans appel : « Jamais ! » Brigitte le clame haut et fort, et tiendra parole.

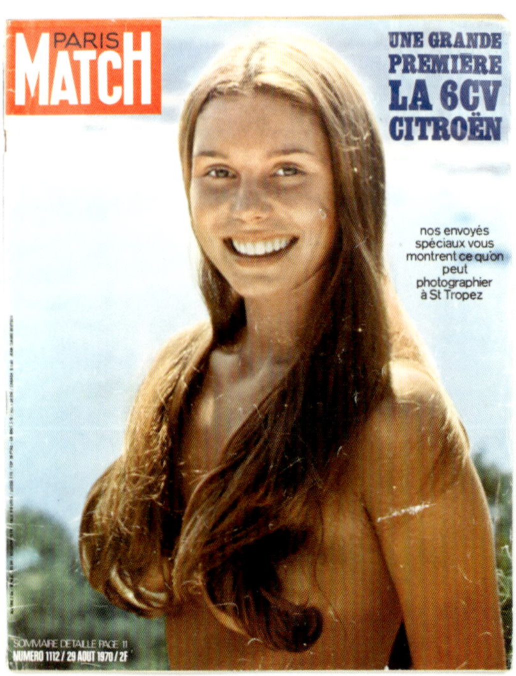

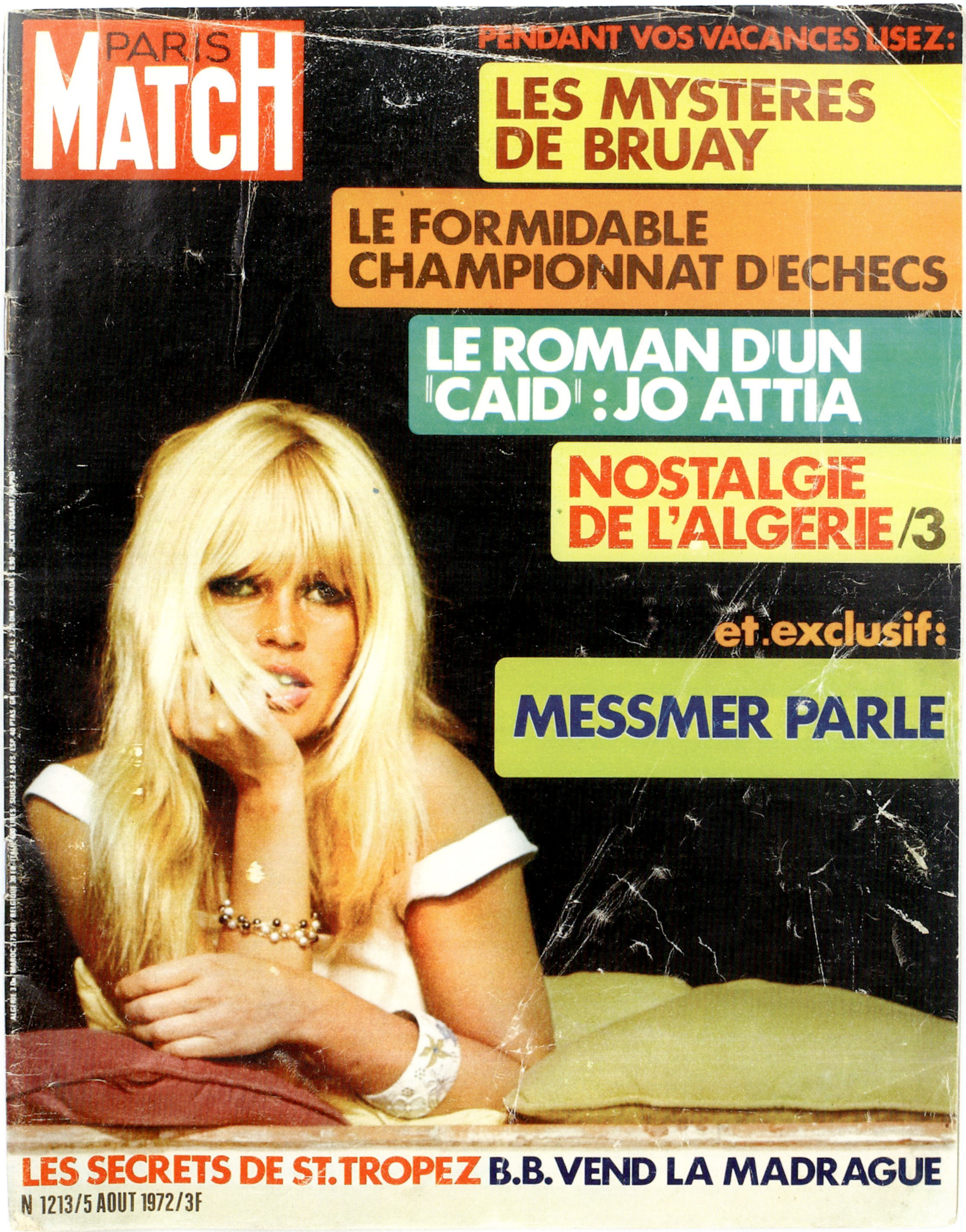
PARIS MATCH
PENDANT VOS VACANCES LISEZ:
LES MYSTERES DE BRUAY
LE FORMIDABLE CHAMPIONNAT D'ECHECS
LE ROMAN D'UN "CAID" : JO ATTIA
NOSTALGIE DE L'ALGERIE /3
et.exclusif:
MESSMER PARLE
LES SECRETS DE ST.TROPEZ B.B. VEND LA MADRAGUE
N 1213/5 AOUT 1972/3F

NOUVEAU PARIS MATCH

L'AMIRAL DE JOYBERT CONTRE LES ÉVÊQUES

LE TOUR DU MONDE EN BATEAU D'UNE FAMILLE ANGLAISE

25 MILLIONS DE FRANÇAIS EN VACANCES

LES TOURISTES EN FOULE SUR LA TOMBE DE LUIS MARIANO

NOTRE REPORTER JEAN MEZERETTE:

J'AI ÉTÉ GENDARME A St TROPEZ

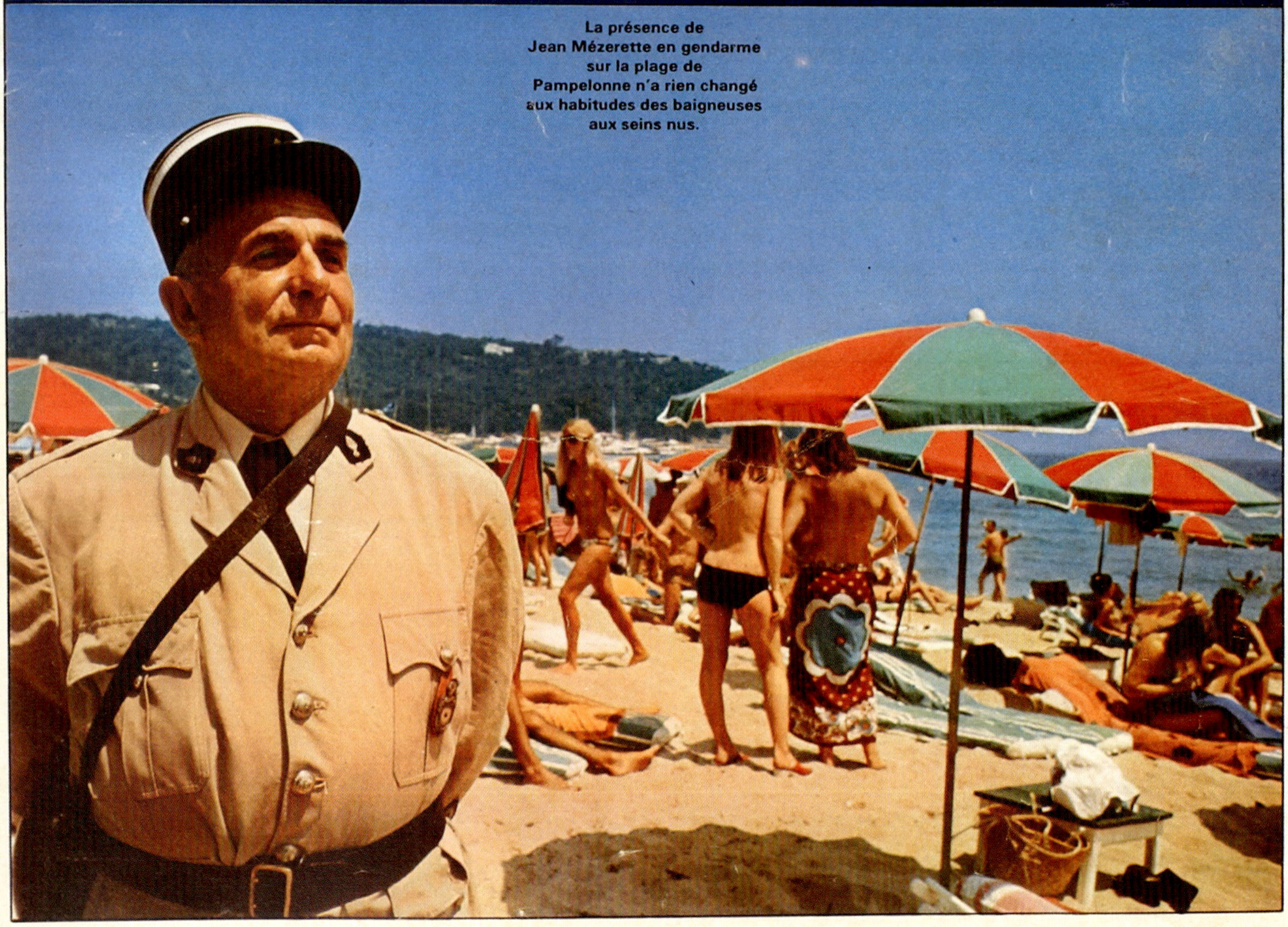

La présence de Jean Mézerette en gendarme sur la plage de Pampelonne n'a rien changé aux habitudes des baigneuses aux seins nus.

N°1264/28 JUILLET 1973/3,50F ALGÉRIE 3 Dn/MAROC 2,75 DH/BELGIQUE 32 FB/ITALIE 450 LIRES/SUISSE 2,80 FS/ESP. 45 PTAS/GR.-BRET. 30 P/ALL 2,50 DM/CANADA $ 0,90. JACK GAROFALO

« J'EN AI ASSEZ
D'ÊTRE LE MICKEY DE CE DISNEYLAND ! »

À nouveau, Brigitte menace de partir ; une nouvelle fois, elle y renonce. En 1989, la mairie lui interdit de laisser ses animaux gambader librement sur la plage... Elle annonce son départ. Puis, finalement, reste. Mais le cœur n'y est plus. Saint-Tropez n'est plus le village qu'elle a aimé ; celui qui a autant contribué à sa notoriété qu'elle a nourri la sienne. Dans la presse, B.B. se venge : « La lamentable décadence qu'illustre Saint-Tropez », dit-elle. Elle fait don de la Madrague à sa fondation. Elle y passe de temps en temps, mais rien n'est plus comme avant. Comme Colette, B.B. est-elle responsable de cette dégradation ? Bien sûr que non ! Louis de Funès, Michel Galabru, Claude Piéplu et Jean Lefèvre pourraient eux aussi s'accuser d'avoir fait de Saint-Tropez un lieu « popu ». Grâce au fort peu courageux mais très autoritaire Cruchot du *Gendarme de Saint-Tropez,* la gendarmerie devient le bâtiment le plus visité de la ville ! Malgré un démarrage difficile, ce film est un immense succès, lançant même le culte des séries. *Le Gendarme à New York, Le Gendarme en balade, Le Gendarme et les gendarmettes*... les kilomètres de pellicules qui font se tordre de rire la France se traduisent par des dizaines de kilomètres de bouchons pour venir poser devant la fameuse bâtisse avec l'un des innombrables imitateurs de Louis de Funès.

Il serait triste de croire que Saint-Tropez n'est plus qu'un repaire de touristes mal fagotés, de toxicomanes mondains, d'escrocs en tout genre et de mauvaise bouffe à des prix exorbitants. Même si cela n'est pas tout à fait faux... L'histoire de ce petit village rappelle qu'il en a vu d'autres ! Gageons qu'il se défera prochainement de ces oripeaux qui lui vont si mal. Pendant ce temps, les vendeurs de cartes postales tirent profit d'un passé pas si lointain.
Bien sûr, chaque été les vedettes reviennent malgré tout. Avoir sa photo dans *Gala* en train de pointer aux côtés d'Eddie Barclay et de Johnny sur la place des Lices vaut toujours mieux qu'une promo chez Michel Drucker. Même si elles arrivent avec chauffeurs et gardes du corps, même si elles sont devenues inapprochables, même si elles ne restent que quelques minutes, le temps de la photo... la magie opère toujours.

Avant nous avions B.B., maintenant c'est Chirac et sa Bernadette accompagnés de François Pinault qui font la une, à la terrasse de Sénéquier. Ça fait moins rêver, mais ça marche !

Personne ne sait ce qu'il adviendra de cet immonde parking qui prolonge le port. Nécessaire ? Sans doute, pour l'instant. Et pourtant, si vous allez à Saint-Tropez, comme Colette et comme Brigitte Bardot, vos yeux ne s'attarderont que sur les lumières les plus belles et, bien sûr, vous succomberez à la magie que le lieu exerce depuis plus de mille ans.

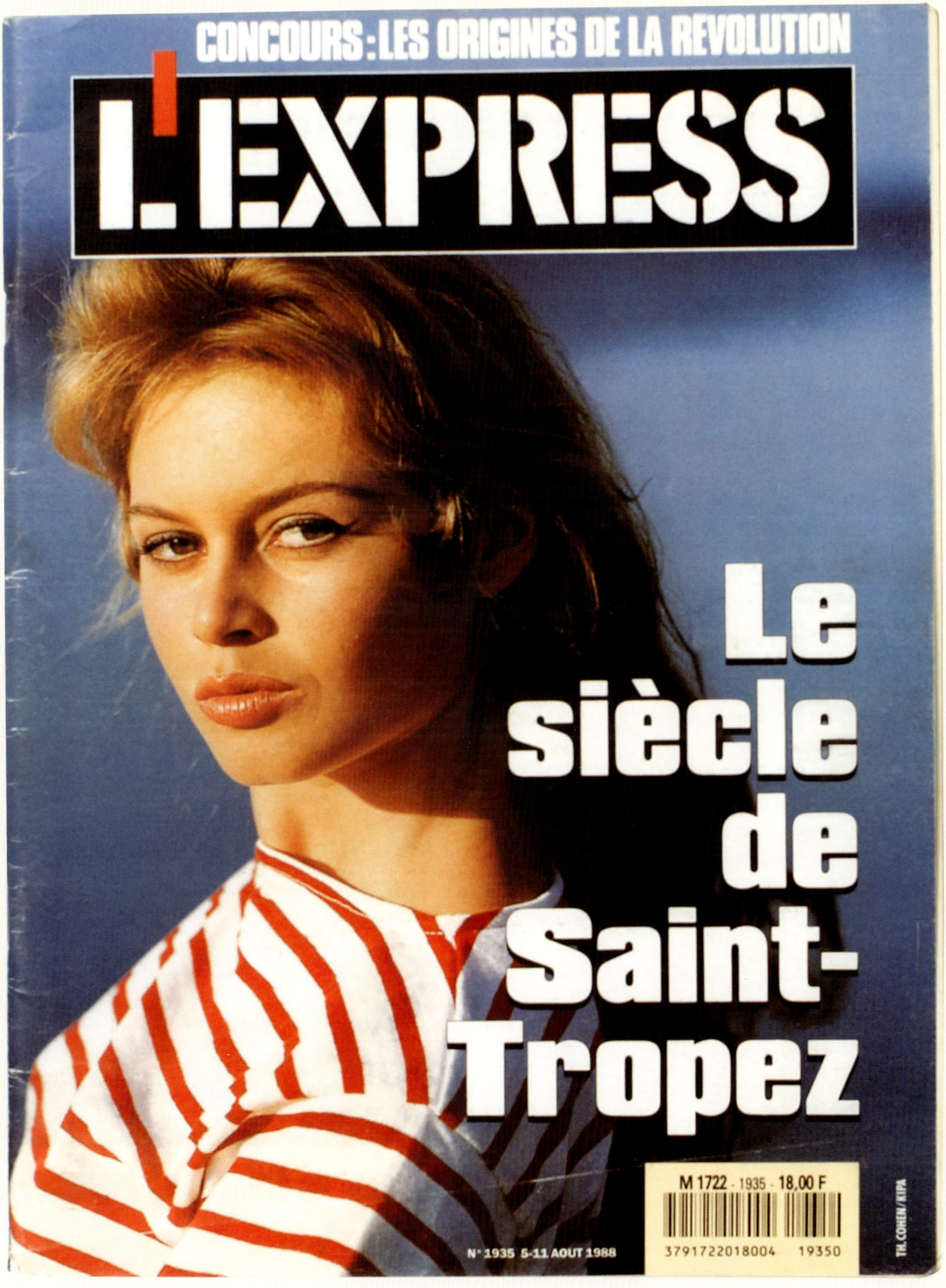
CONCOURS : LES ORIGINES DE LA REVOLUTION
L'EXPRESS
Le siècle de Saint-Tropez
N° 1935 5-11 AOUT 1988
M 1722 - 1935 - 18,00 F
3791722018004 19350
TH. COHEN/KIPA

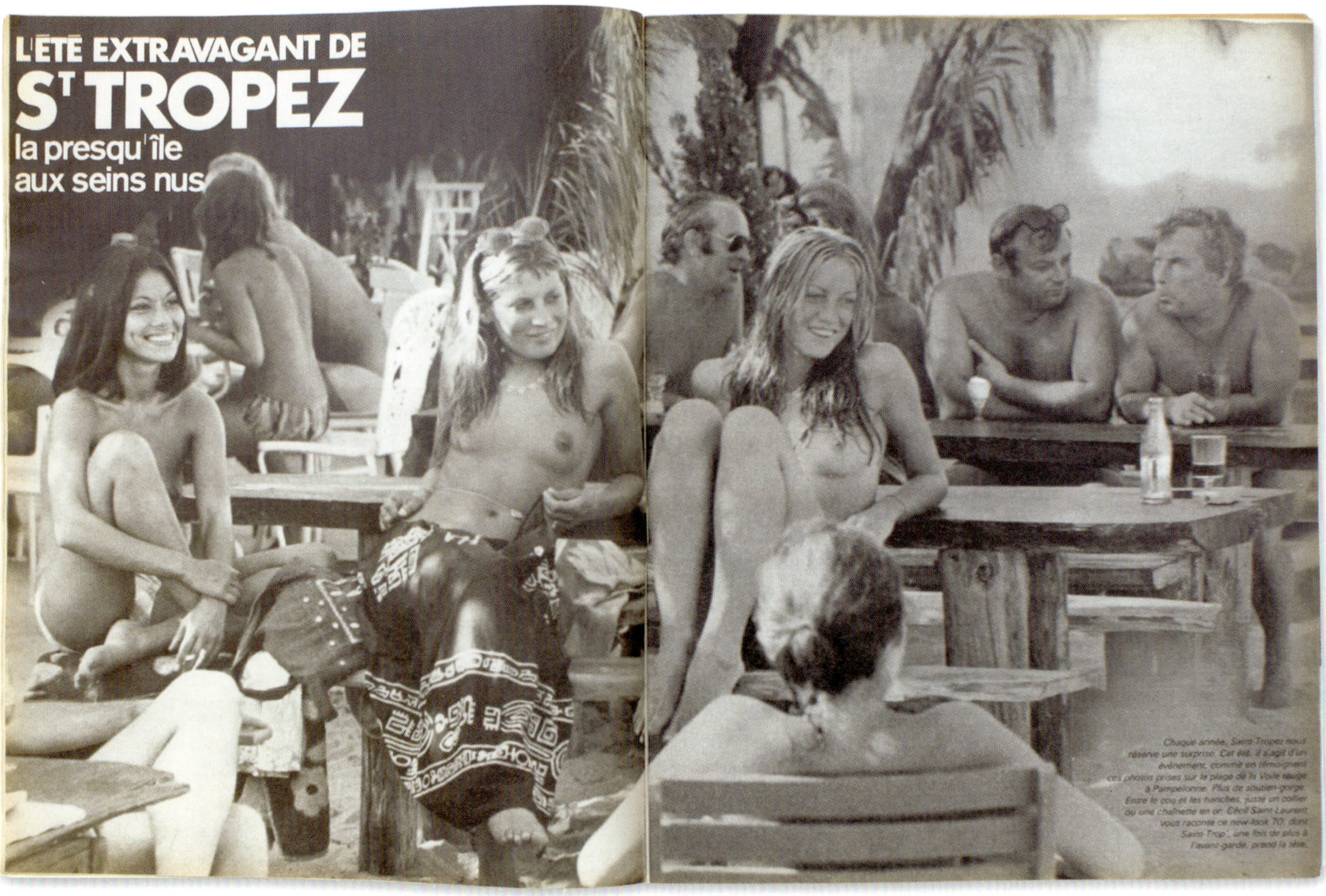
L'ÉTÉ EXTRAVAGANT DE
S^T TROPEZ
la presqu'île
aux seins nus
Chaque année, Saint-Tropez nous réserve une surprise. Cet été, il s'agit d'un événement, comme en témoignent ces photos prises sur la plage de la Voile rouge à Pampelonne. Plus de soutien-gorge. Entre le cou et les hanches, juste un collier ou une chaînette en or. Cécil Saint-Laurent vous raconte ce new-look 70, dont Saint-Trop', une fois de plus à l'avant-garde, prend la tête.

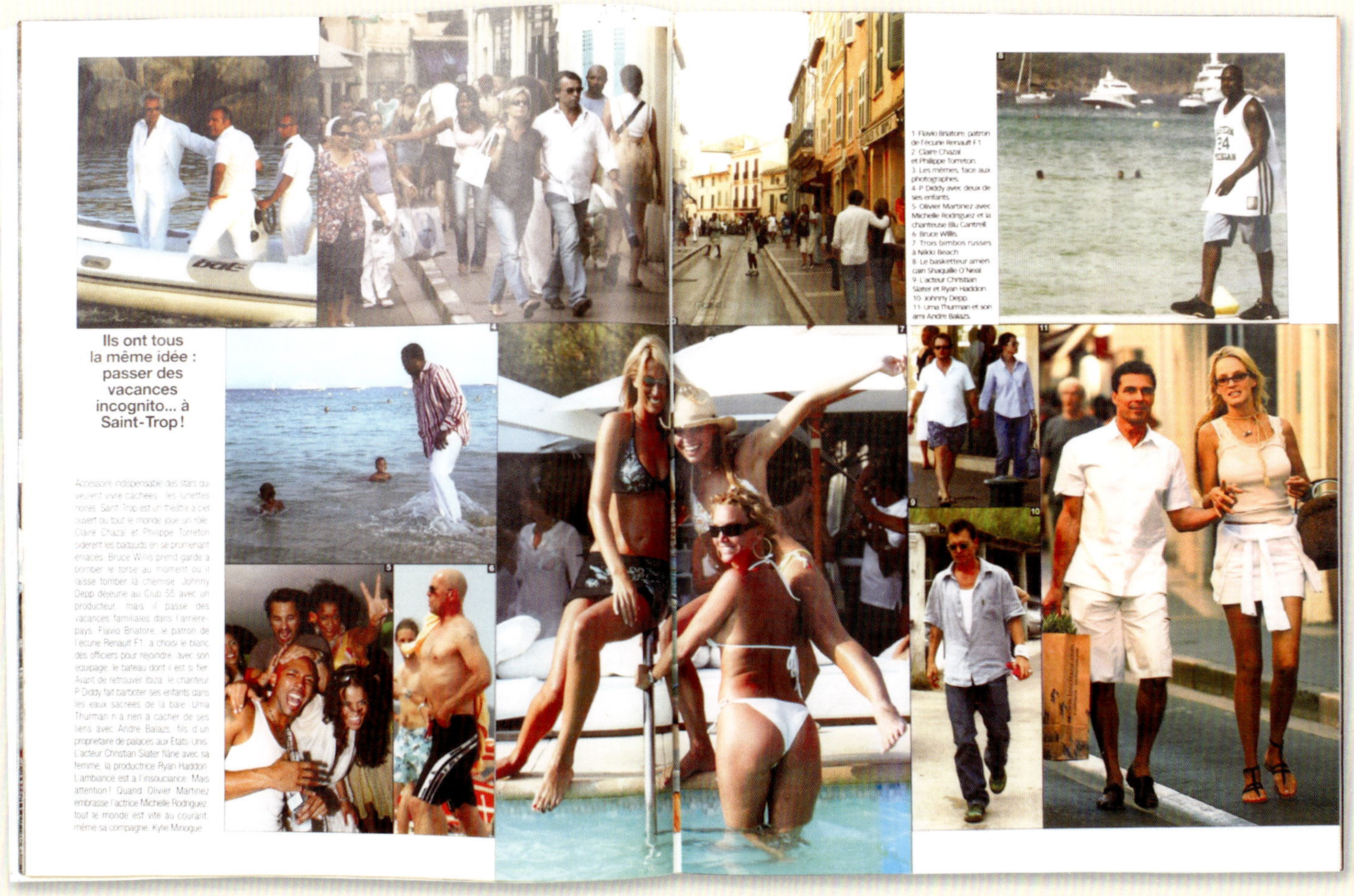

Ils ont tous la même idée : passer des vacances incognito… à Saint-Trop !

Accessoire indispensable des stars qui veulent vivre cachées : les lunettes noires. Saint-Trop est un théâtre à ciel ouvert où tout le monde joue un rôle. Claire Chazal et Philippe Torreton sidèrent les badauds en se promenant enlacés. Bruce Willis prend garde à bomber le torse au moment où il laisse tomber la chemise. Johnny Depp déjeune au Club 55 avec un producteur, mais il passe des vacances familiales dans l'arrière-pays. Flavio Briatore, le patron de l'écurie Renault F1, a choisi le blanc des officiers pour rejoindre, avec son équipage, le bateau dont il est si fier. Avant de retrouver Ibiza, le chanteur P Diddy fait barboter ses enfants dans les eaux sacrées de la baie. Uma Thurman n'a rien à cacher de ses liens avec André Balazs, fils d'un propriétaire de palaces aux États-Unis. L'acteur Christian Slater flâne avec sa femme, la productrice Ryan Haddon. L'ambiance est à l'insouciance. Mais attention ! Quand Olivier Martinez embrasse l'actrice Michelle Rodriguez, tout le monde est vite au courant, même sa compagne, Kylie Minogue.

1- Flavio Briatore, patron de l'écurie Renault F1.
2- Claire Chazal et Philippe Torreton.
3- Les mêmes, face aux photographes.
4- P Diddy avec deux de ses enfants.
5- Olivier Martinez avec Michelle Rodriguez et la chanteuse Blu Cantrell.
6- Bruce Willis.
7- Trois bimbos russes à Nikki Beach.
8- Le basketteur américain Shaquille O'Neal.
9- L'acteur Christian Slater et Ryan Haddon.
10- Johnny Depp.
11- Uma Thurman et son ami André Balazs.

AVANT DE VOUS Y RENDRE, COMMENCEZ PAR RÉALISER LA FAMEUSE TARTE TROPÉZIENNE.

Temps de préparation : 45 min
Temps de cuisson : 25 min

Ingrédients
(pour 6 personnes)

250 g de farine
12 g de levure de boulangerie
10 cl de lait
50 g de beurre
1 œuf
15 g de sucre
30 g de sucre en gros grains
20 g de beurre et 20 g de farine (travail et cuisson)
2 pincées de sel

Pour la crème
25 cl de lait
3 œufs + 1 jaune
80 g de sucre en poudre
sucre glace
15 g de farine
15 g de maïzena
1 gousse de vanille
1 cuillère à soupe d'eau de fleur d'oranger

Pour le glaçage
50 g de beurre
50 g de sucre
1 cuillère à soupe de miel

Préparation

Tamiser la farine et le sel. Verser au centre la levure délayée dans le lait tiède, incorporer assez de farine pour obtenir un pâton souple.

•

L'inciser, le poudrer de farine et le couvrir d'un linge, puis le laisser lever 30 min dans un endroit tiède.

•

Ensuite, incorporer l'œuf, le sucre, le reste de farine et, enfin, le beurre. Battre vigoureusement pendant 10 min jusqu'à ce que la pâte se détache des parois. Laisser lever 30 min.

•

Crever la pâte et attendre de nouveau 30 min.

•

Porter le lait à ébullition avec la vanille fendue en deux et laisser infuser 20 min.

•

Battre les jaunes d'œuf avec le sucre jusqu'à ce que le mélange blanchisse, incorporer la farine, la maïzena et, peu à peu, le lait réchauffé.

•

Transvaser dans une casserole et faire bouillir 1 min en remuant jusqu'à obtenir une crème.

•

Puis, la verser dans une jatte, la poudrer de sucre glace et la laisser refroidir au réfrigérateur.

•

Beurrer et fariner une plaque de cuisson. Pétrir quelques instants la pâte levée, l'étaler en un disque épais de 2 cm, la poser sur la plaque et la laisser à nouveau lever 30 min. Préchauffer le four à 180 °C (thermostat 6).

•

Faire fondre et refroidir les ingrédients du glaçage, puis badigeonner la pâte avec. Cuire au four 25 min.

•

Incorporer dans la crème pâtissière les blancs d'œuf battus en neige et l'eau de fleur d'oranger.

•

Avec un grand couteau-scie, couper le biscuit en deux dans l'épaisseur. S'il y a trop de mie, en retirer un peu du disque inférieur, mais sans aller jusqu'au bord. Le couvrir de crème et poser dessus le deuxième disque.

•

Décorer avec les gros grains de sucre.

DIRECTION ARTISTIQUE
AUZENDE-CAZABAN

www.editions-chronique.com

ISBN 978-2-36602-219-3
Dépôt légal : 2e trimestre 2014
Achevé d'imprimer en février 2014
sur les presses de Hengyuan Printing, Chine